AF252699

THÈSE

POUR LA LICENCE

L'acte public sur les matières ci-après sera soutenu le mardi 17 août 1847,
à midi

Par Victor-Auguste FREMYN, né à Paris

Président, M. DEMANTE, professeur

Suffragants,
{
MM. DURANTON,
VALETTE,
COLMET D'AAGE,
MACHELARD, suppléant
}
professeurs

Le Candidat répondra en outre aux questions qui lui seront faites sur les autres
matières de l'enseignement

PARIS

DE L'IMPRIMERIE DE CRAPELET
RUE DE VAUGIRARD, 9

1847

A MON PÈRE ET A MA MÈRE.

A MON GRAND-PÈRE.

JUS ROMANUM.

DE IN DIEM ADDICTIONE.

DE LEGE COMMISSORIA.

DE RESCINDENDA VENDITIONE.

DE PACTIS INTER EMPTOREM ET VENDITOREM COMPOSITIS.

DE IN DIEM ADDICTIONE.

(*Dig.*, lib. XVIII, tit. II.)

Quanquam consensu solo perficiatur emptio venditio, nihilominus alia pacta, quæ nec moribus, nec lege reprobantur, accedunt; quædam præcipue adjici solent.

Est pactum addictionis in diem, quod innititur, quum res emptori hac lege venditur, nisi alius intra diem dictam, meliorem conditionem fecerit.

Aut pura est talis emptio, quæ sub conditione resolvitur, aut conditionalis est.

Et valde necesse est hoc distinguere, quod, quum pura est emptio venditio, non impedit dominii translationem in ipsum emptorem, ad quem proinde fructus et accessiones pertinent, periculum quoque, si res interierit; nec usucapiendi facultatem, in casu quo venditor non est dominus. Itemque emptori, ante allatam meliorem conditionem, interdicto quod vi aut clam agere licet, quod ad eum omne rei commodum et incommodum pertineat. At ubi conditionalis est venditio, non idem est, nec usucapere, nec lucrari fructus accessionesque potest emptor.

Melior conditio adferri videtur, si quid additum sit pretio, ab alio emptore, non tamen falso, quia non censebitur melior allata conditio non existente vero emptore. Idem si servo, vel filio quem in potestate habet venditor, vel domino rei per errorem, id addixerit, non est emptio his casibus. Sed si nihil pretio addatur, tamen melior conditio adferri videtur, si facilior offeratur pretii solutio, vel maturior, locus solvendi opportunior, persona secundi emptoris magis idonea vel si quis accedat qui levioribus emat conditionibus; quidquid tandem ad utilitatem venditoris pertinet, pro meliore conditione haberi debet.

Oportet adjectionem esse non alterius rei quam ejus quae distracta est, et hanc meliorem conditionem, allatam esse intra diem conventionis; hinc, si res in diem addicta interciderit, an fructus ejus nomine adjectio admitti possit? Negat recte Julianus.

Hujus pacti non ea est conditio, ut cogatur venditor meliorem conditionem oblatam acceptare; quum enim in ejus favorem pactum sit adjectum. In ejus quoque arbitrio esse debet, meliorem conditionem abjicere, et sequi primam emptionem, nisi hac conditione sit facta addictio, ut liceat emptori resilire, meliore conditione allata; tunc enim prior emptio dissolvetur etiam si venditor sequentem non admittat.

Quæritur quid juris sit, si venditor posteriori emptori in diem addixerit? Sabinus negat meliorem satis conditionem amplexum esse; Julianus autem rectius ait, videndum quod actum sit.

Meliore oblata conditione, licet venditori, rem addicere posteriori emptori, nisi primus emptor paratus sit plus offerre, quam ante obtulit, aut tantumdem quantum ab alio offertur. Quod ut facere possit, necesse est venditori, priorem emptorem certiorem facere, ut si quid alius adjicit, ipse quoque adjicere possit.

Resoluta, ex pacto addictionis in diem priore emptione, prior emptor fructus quos percepit, restituere debet venditori; ita rursus quæ medio tempore prior emptor necessario probaverit erogata, ex fructibus retineri, et si non sufficiant, solvi æquum est; venditi actionem contra secundum emptorem exercere non potest, quia non invicem contraxerint.

DE LEGE COMMISSORIA.

(*Dig.*, lib. XVIII, tit. III.)

Lex commissoria est ea qua venditor et emptor conveniunt ut si, intra præfinitum diem, pretium solutum non sit, res sit inempta. Cum lege commissoria, pura est emptio et magis sub conditione resolvi quam sub conditione contrahi videtur.

Marcellus dubitat commissoria utrum tunc locum habet, si venditor interpellatus non solvat, an vero si non obtulerit? et magis eum offerre debere, si vult se legis commissoriæ potestate solvere. Quod si non habet cui offerat, posse esse securum. Quum venditor fundi in lege ita caverit si ad diem pecunia non sit soluta, ut fundus sit inemptus, ita accipitur inemptus esse fundus, si venditor inemptum esse velit, quia id venditoris causa caveretur; nam si aliter acciperetur, exusta villa, in potestate emptoris futurum, ut non dando pecuniam inemptum faceret fundum, qui ejus periculo fuisset.

Statim commissa lex est, statuere venditor debet, utrum commissoriam velit exercere, an potius pretium petere; nec posse, si commissoriam elegit, postea variare.

Et etiam, si venditor post diem, pretium petat aut partem ejus accipiat, videtur legi renuntiatum, vel quoque si, post præstitutum pretii solvendi diem, non vendicationem rei eliget, sed usurarum pretii petitionem sequi maluit.

Actio ex vendito venditori dabitur, si pretium non solutum, et non solum quod principaliter voeniit, sed accessura et fructus restitui debent. Itemque si deterior fundus effectus sit facto emptoris.

DE RESCINDENDA VENDITIONE.

(Dig., lib. XVIII, tit. IV.)

Emptio venditio, sicut consensu contrahitur, ita contrario consensu resolvitur, antequam fuerit res secuta, et secundum conventionem contractus vel totus, vel pro parte resolvitur.

Res secuta non est aut integra, quum nondum ex neutra parte obligatio impleta est aut finita; scilicet si pretium aut aliquid pretii non sit numeratum, vel si res tradita non sit.

Ita pacisci, ut unus maneat obligatus, non est verum, quia pro una parte contrahentium abiri pacto ab emptione non possit; et ideo si ab una parte renovatus sit contractus, non valet ejusmodi pactionem.

Ut mutuus consensus emptionem venditionem resolvat, debet esse ab utroque utiliter interpositus; et ex novo contractu inducitur consensus resolvendi priorem.

Certis tamen causis, contractus altero invito rescindi potest.

Si lex contractui ita dicta sit:

Si venditor ultra dimidiam justi pretii partem fuerit deceptus. Minor læsio non sufficit ad rescindendam venditionem.

Rescisa per sententiam judicis venditione, dominium rei venditæ, nonnisi post pretium emptori restitutum, ad venditorem reverti potest.

DE PACTIS INTER EMPTOREM ET VENDITOREM COMPOSITIS.

(Cod., lib. IV, tit. LIV.)

Jam de in diem addictione et de lege commissoria diximus; nunc de aliis pactis videndum est.

Pacisci possumus ut res vendita nobis ab emptore retrovendatur, pretio quidem oblato, vel intra certum tempus, vel etiam quandocunque. Quod pactum ad hæredes emptoris et venditoris extendi potest. Si pretio a venditore oblato, emptor vel hæres ejus non paret, duæ actiones nascuntur in emptorem : actio præscriptis verbis et ex vendito. Fundum cum accessionibus emptor venditori restituere debet, sed fructus fecit suos; et idem venditor emptori, pretium et insuper necessarias impensas.

Initio venditionis, si pactum est ut emptor pretii tardius exsoluti usuras pensitaret, ab emptore eas præstari debere, nulla dubitatio est; quæ autem si non est pactio usuras ex mora duntaxat præstare emptor debebit.

Pacisci quoque possumus ut novo domino nullo modo liceat, in loco vendito, vel alio modo sibi concesso, monumentum exstruere, dedicare, vel alio modo, humano juri eum eximere, vel quoque ut nisi intra certum tempus pretium fuisset exsolutum, emptor arrhas perderet et dominium ad venditorem pertineret.

DROIT FRANÇAIS.

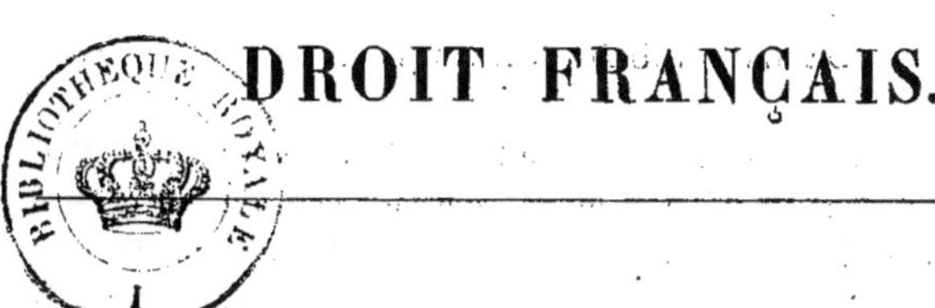

DE LA NULLITÉ ET DE LA RÉSOLUTION DE LA VENTE.

(C. C., art. 1658 à 1685.)

L'action en nullité ou en rescision ne doit pas être confondue avec l'action en résolution. S'il existe entre ces actions un point de ressemblance, dans un de leurs effets, celui de remettre les parties au point où elles étaient avant le contrat, il y a, d'un autre côté, de grandes différences dans leur origine, leur cause et leurs moyens.

Le contrat nul est dès son origine entaché d'un vice; il manque une condition essentielle à sa validité. Il ne peut attendre aucun effet du temps. Il n'existe pas et n'existera pas.

Le contrat rescindable est, comme le contrat nul, entaché d'un vice, mais qui n'entraîne pas une nullité absolue.

Mais le contrat résoluble est régulièrement formé, et ce n'est que par suite d'un événement postérieur, tacitement ou expressément prévu par les parties, qu'il pourra être regardé comme non avenu.

Le droit de nullité ou de rescision doit être exercé dans un délai de dix ans (1304), quelquefois même dans un plus bref délai; le droit de résolution peut l'être pendant trente ans.

La vente définie par le Code (1582) une convention par laquelle l'un s'oblige à livrer une chose et l'autre à la payer, est soumise comme tout contrat aux causes de rescision et à celles de résolution.

Mais nous ne parlerons ici que du réméré, cause de résolution propre à la vente, et de la vilité du prix ou de la lésion, cause de rescision.

DE LA FACULTÉ DE RACHAT.

La faculté de rachat, ou le réméré, est une clause insérée au contrat de vente, par laquelle le vendeur se réserve, pendant un certain temps, qui ne peut excéder cinq années, le droit de reprendre la chose vendue, en remettant l'acheteur au même état que s'il n'avait pas contracté. Cette définition fait ressortir toute l'inexactitude de ces mots : rachat, réméré; en effet, il n'y a pas là une nouvelle vente, mais une résolution de vente. Aussi serait-il plus rationnel de donner à ce pacte le nom de retrait conventionnel.

La vente à réméré est faite de la part du vendeur sous une condition résolutoire potestative. La condition se réalise par la restitution du prix et autres accessoires faite par le vendeur dans le délai convenu. L'acheteur n'a donc pas un droit complet sur la chose vendue. Il en devient, il est vrai, propriétaire, comme dans la vente pure et simple; mais cette propriété n'est pas définitive, irrévocable. Aussi peut-on dire que l'acheteur est propriétaire sous condition résolutoire et le vendeur sous condition suspensive.

L'un et l'autre peuvent consentir sur la chose vendue des hypothèques, des servitudes, soumises à la condition dont leur droit est affecté (2125); si donc le vendeur exerce le réméré, le droit de l'acheteur n'a pas existé et les hypothèques ou autres droits qu'il avait consentis sont anéantis rétroactivement, tandis que tous les droits du vendeur se trouvent consolidés; il ne devient donc pas propriétaire, il est censé n'avoir jamais cessé de l'être.

Le pacte de réméré doit être inséré dans le contrat de vente, il faut qu'il soit concomitant à l'acte même; stipulé postérieurement à une vente pure et simple, il ne formerait qu'une simple promesse de revente, et rentrerait dans le droit commun.

La faculté de rachat ne peut être stipulée pour un terme excédant cinq années; on peut restreindre ce terme, on ne peut pas l'étendre. C'est pour prévenir les obstacles à l'amélioration et à la circulation des biens que l'incertitude de la propriété pouvait faire naître, que la loi a fixé à cinq ans un terme qui autrefois pouvait être stipulé pour un temps très-long et même illimité, mais alors prescriptible par trente ans. La convention d'un délai de plus de cinq ans n'est pas nulle, mais réduite à ce terme. Ce délai est de rigueur, le juge ne peut le prolonger : il court contre toutes personnes, même contre les mineurs et interdits, sauf, s'il y a lieu, le recours contre qui de droit.

Le jugement de déchéance, nécessaire autrefois pour déclarer l'acheteur propriétaire, est regardé de nos jours comme une formalité inutile, et la loi déclare que si le vendeur n'a pas usé de la faculté de rachat, la seule expiration du délai rend l'acheteur propriétaire irrévocable. Quant aux actes qui constituent l'exercice du retrait, elle ne les a pas réglés. On ne doit pas conclure des mots *exercé l'action*, qui se trouvent dans les art. 1668, 1671, 1672, que le vendeur doit intenter une action en justice, précédée de la citation en conciliation ; et d'abord ne voit-on pas que ces locutions *exercé l'action en réméré* et *usé du pacte de réméré* sont synonymes, et employées indifféremment l'une pour l'autre dans le Code, dans le cas surtout des art. 1668 et 1669 ? Il doit suffire pour l'acheteur de faire des offres régulières, par tout acte extrajudiciaire manifestant bien sa volonté.

Le pacte de rachat n'étant qu'une condition résolutoire ne donne à l'acheteur qu'un droit de propriété résoluble, et quoiqu'il puisse disposer de l'immeuble, il ne peut céder des droits plus étendus que les siens. De là cette faculté donnée au vendeur d'exercer son action contre un tiers acquéreur, sans avoir égard à la bonne ou mauvaise foi de ce dernier.

Jusqu'à l'exercice du retrait, l'acheteur étant propriétaire est mis au lieu et place du vendeur et lui succède dans ses droits et actions ; il peut donc prescrire, soit la propriété, soit les hypothèques ou autres droits réels sur la chose vendue. Il est de même soumis aux actions des créanciers hypothécaires de son vendeur, mais la faculté lui est accordée, comme à tout tiers acquéreur qui n'est pas personnellement obligé à la dette, d'opposer le bénéfice de discussion (2170).

Lorsqu'une part indivise d'un héritage reconnu impartageable a été

vendue avec clause de réméré, plusieurs hypothèses peuvent se présenter:
1° L'acheteur à pacte de rachat s'est rendu adjudicataire de la totalité
de l'héritage, sur une demande en licitation provoquée contre lui par
le copropriétaire, l'acheteur peut exiger que le vendeur reprenne le
tout et lui rembourse à la fois le prix qu'il a reçu, et le prix de l'adjudi-
cation. 2° Le copropriétaire du vendeur, après avoir joué le rôle de
demandeur, s'est rendu adjudicataire du tout; le vendeur ne peut exercer le réméré contre son ancien copropriétaire; cette licitation n'est en
effet entre eux qu'un partage, et, d'après l'art. 883, il est censé avoir
toujours été propriétaire du tout. 3° L'acheteur à pacte de rachat a pro-
voqué la licitation et s'est rendu adjudicataire du tout; le vendeur peut
exercer le réméré pour la portion par lui vendue; on ne peut le forcer
à retirer le tout. 4° Le copropriétaire s'est rendu adjudicataire sur une
licitation provoquée par l'acheteur; le vendeur ne pourra exercer le
réméré contre ce copropriétaire adjudicataire, en vertu de l'art. 883;
mais c'est un compte à régler entre lui vendeur et l'acheteur à réméré,
si ce dernier a retiré dans la licitation un prix de son lot plus élevé que
le prix de la vente. Si c'est un tiers qui s'est rendu adjudicataire,
comme l'effet du partage ne lui est pas applicable, cette licitation n'a
que l'effet d'une vente ordinaire, et le pacte de réméré peut être exercé
contre lui.

Le droit de réméré est de la même nature que la chose qui en est
l'objet. Il est donc divisible, si la chose vendue est divisible, et il l'est
tant activement que passivement, c'est-à-dire tant du côté du vendeur qui a droit d'exercer le retrait, que du côté de l'acheteur qui
doit le subir.

Si un vendeur a laissé plusieurs héritiers, l'action en retrait se di-
vise entre eux de plein droit, et chacun ne peut l'exercer que suivant
sa part dans la succession.

De même, si plusieurs copropriétaires ont vendu avec clause de
réméré, à un même acheteur, par un seul et même acte, chacun peut
exercer le réméré pour sa part.

Cependant il peut être de l'intérêt de l'acheteur, qui a acheté une
totalité, que la faculté du réméré s'exerce pour cette totalité, ou ne

s'exerce pas; aussi, pour empêcher un retrait partiel, il peut exiger la mise en cause de tous les covendeurs ou de tous les cohéritiers, afin que ceux-ci se concilient entre eux pour la reprise entière de la chose, ou, en cas de non-conciliation, pour le renvoyer de la demande. Mais s'il est de l'intérêt de l'acheteur de garder la chose, il répondra au revendeur ou au cohéritier qui veut exercer le retrait pour sa part, de mettre en cause ses covendeurs ou cohéritiers pour retirer le tout; et si l'on demandait alors de retirer le tout, l'acheteur répondrait « que vous ne pouvez exercer le réméré pour le tout, puisque le réméré ne vous appartient que pour partie. » Il appartiendrait donc à l'acheteur de paralyser le droit de chaque vendeur ou héritier. D'après Dumoulin, dans l'ancienne jurisprudence la conciliation des covendeurs ou cohéritiers n'était pas nécessaire, et celui qui voulait exercer le réméré, l'exerçait pour le tout ou pour sa part, selon la volonté de l'acheteur. On ne doit pas croire, malgré les termes ambigus du Code, qu'il ait voulu s'écarter de cette règle de justice et d'équité suivie dans l'ancienne jurisprudence.

Le droit de réméré est aussi divisible entre les héritiers de l'acheteur; ils ne peuvent être actionnés que pour leurs parts héréditaires. Une fois le partage fait, chacun ne le sera que pour la portion tombée dans son lot; si la chose entière est échue dans le lot d'un seul, il sera poursuivi seul pour la totalité.

Les meubles comme les immeubles peuvent être l'objet d'une vente à réméré; mais l'objet mobilier vendu avec clause de rachat et ensuite aliéné par l'acheteur ne peut être retiré des mains du tiers possesseur de bonne foi (2279).

Lorsque la vente est résolue par l'exercice du réméré, les parties doivent se remettre respectivement dans l'état où elles étaient avant la vente. Le vendeur est obligé de rembourser à l'acheteur le prix principal, les frais et loyaux coûts du contrat; il doit lui tenir compte de la totalité des réparations nécessaires, mais des dépenses utiles, que jusqu'à concurrence de la plus value; il ne peut rentrer en possession tant que l'acheteur n'est pas complétement désintéressé.

L'acheteur, de son côté, est tenu de restituer la chose avec les accessoires qui en dépendaient au moment de la vente, et les accessions qu'elle aurait reçues depuis la vente; les fruits depuis le jour de la demande en restitution. Les fruits perçus jusqu'à ce jour restent à l'acheteur en compensation des intérêts du prix.

Le bien vendu rentre dans les mains du vendeur, libre de toutes charges et hypothèques; mais, dans l'intérêt des parties, la loi exige que les baux faits sans fraude soient exécutés.

Tous les droits créés par le vendeur seront consolidés. Le vendeur ne devra pas un nouveau droit de mutation, puisqu'il n'y a pas une nouvelle vente.

Enfin la possession de l'acheteur comptera au vendeur, qui est censé avoir toujours été propriétaire.

DE LA RESCISION POUR LÉSION.

La lésion n'est pas une cause de rescision pour les majeurs; mais, comme l'équité doit empêcher toute vente qui ferait éprouver au vendeur un préjudice énorme, la loi a déclaré qu'il y aurait lieu à accorder l'action en rescision, dans le cas où un vendeur aurait été lésé de plus des sept douzièmes dans le prix d'un immeuble. Cette rescision a lieu, quand même le vendeur aurait expressément renoncé dans le contrat à cette faculté et aurait déclaré donner la plus value. Ces clauses de renonciation, qui seraient devenues de style, sont infectées du même vice que la vente.

Il faut donc le concours de trois conditions pour faire rescinder une vente pour cause de lésion : vente d'un immeuble, lésion éprouvée par le vendeur, et lésion de plus des sept douzièmes.

Le prix des meubles est, en effet, trop variable pour qu'il soit possible d'en fixer la valeur et d'apprécier s'il y a eu ou non vilité de prix à l'époque du contrat. S'il y avait vente en bloc de meubles et d'immeubles, on ferait une estimation, et l'on déterminerait la portion du prix à appliquer aux immeubles. Il faut que la lésion soit éprouvée par le vendeur; la nécessité peut le forcer, en effet, à vendre à vil prix un immeuble; mais rien ne force à acheter trop cher, que le désir de la chose.

L'action en rescision n'est pas admise en matière d'échange (1706). Elle n'a pas lieu non plus dans les ventes aléatoires, comme dans le cas de vente d'un immeuble pour une rente viagère, de la nue propriété ou de l'usufruit d'un immeuble; dans la vente de droits successifs a un tiers, ou à un des cohéritiers à ses risques et périls. On ne peut donner en effet un prix certain à une chose incertaine, à moins toutefois que les chances ne soient qu'apparentes.

Enfin l'action en rescision n'a pas lieu en toutes ventes qui ne peuvent être faites que par autorité de justice, l'intervention de la justice devant écarter tout soupçon de surprise ou de fraude.

La demande en rescision doit être faite dans le délai de deux ans, à partir du jour de la vente. Ce délai est ainsi limité, pour laisser le moins d'incertitude possible dans la propriété, et à cause de la difficulté où l'on serait de faire l'appréciation de la lésion après un temps trop long.

Ce délai court du jour de la vente contre toutes personnes, quelle que soit la faveur que la loi leur accorde.

Il court même pendant la durée du retrait conventionnel.

La loi exige un premier jugement qui déclare si le vendeur sera ou non admis à faire la preuve de la lésion. Une fois ce jugement rendu, la preuve sera faite par trois experts, choisis par les parties, ou nommés d'office par le tribunal. Ces experts dresseront un seul procès-verbal qui ne contiendra qu'un seul et unique avis à la pluralité des voix. En cas d'avis différents, le rapport en contiendra les motifs, sans faire connaître l'avis de chaque expert. Le tribunal prononcera ensuite sur la rescision par un second jugement.

Si l'action en rescision est admise, l'acheteur doit restituer la chose; cependant il peut désintéresser le vendeur en lui payant le supplément du juste prix, qui, dans l'ancienne jurisprudence devait être complet, mais que le Code a diminué du dixième du prix total de l'immeuble. Cette réduction tient lieu pour l'acheteur du bénéfice qu'il avait pu espérer retirer de la vente.

Si, au contraire, il préfère rendre l'immeuble, les deux parties se doivent des prestations réciproques.

L'acheteur restituera : 1° l'immeuble franc et quitte de toutes charges et hypothèques consenties pendant sa jouissance; 2° les fruits à compter du jour de la demande; 3° les accessoires de la chose. Il ne doit aucune indemnité pour les détériorations provenant de sa négligence; comme il était propriétaire, il est présumé de bonne foi.

Quant au vendeur, il doit restituer : 1° le prix avec les intérêts du jour de la demande, à moins que l'immeuble n'ait produit aucun fruit, auquel cas les intérêts sont dus du jour du payement; 2° les dépenses nécessaires en entier, et les dépenses utiles jusqu'à concurrence de la plus value. Il ne rembourse ni les réparations d'entretien, ni les dépenses voluptuaires.

Le tiers détenteur contre qui l'action en rescision est intentée, jouit des mêmes droits et est soumis aux mêmes restitutions que l'acheteur, sauf son recours contre son propre vendeur.

Tout ce qui a été dit du réméré pour le cas où plusieurs ont vendu conjointement ou séparément, et pour celui où le vendeur ou l'acheteur a laissé plusieurs héritiers, s'applique à la rescision pour cause de lésion.

DE LA RESCISION EN MATIÈRE DE PARTAGE.

(C. C., liv. III, tit. I, art. 887-892.)

Les partages peuvent, comme les contrats, être rescindés pour cause de violence ou de dol. Il y a lieu aussi à rescision lorsqu'un des cohéritiers établit à son préjudice une lésion de plus du quart. Cette disposition est fondée sur ce que l'égalité est de l'essence des partages, dont les opérations ne sont qu'une espèce de compte entre les parties où il s'agit de fixer à chacun sa part.

Le partage n'est pas rescindé par l'erreur, qui est en général cause de rescision des contrats; en effet, si l'erreur porte sur l'omission d'un objet, à moins qu'il n'y ait dol de la part d'un des cohéritiers, l'omission peut être réparée sans rescision; il n'y aurait lieu alors qu'à un supplément de partage; si elle consiste dans l'inégalité des lots, alors de deux choses l'une : ou l'erreur sera de plus du quart, et dans ce cas, elle se confondra avec la lésion; ou elle sera moindre du quart, et la loi n'y aura pas égard, car elle ne regardera pas comme troublée l'égalité entre les cohéritiers.

La loi, pour qu'on ne puisse pas éluder la rescision pour cause de lésion, en donnant au partage le titre ou la forme d'un autre contrat, a admis l'action en rescision contre tout acte qui a pour objet de faire cesser l'indivision, encore qu'il fût qualifié de vente, d'échange, de transaction ou de toute autre manière.

Il y a cependant deux cas où l'action en rescision n'est pas recevable : contre une vente de droits successifs, faite sans fraude à l'un des cohéritiers, à ses risques et périls, par les autres cohéritiers ou par l'un deux; en effet, cette vente n'est qu'un contrat aléatoire; et contre la transaction intervenue à la suite d'un premier acte de partage, lorsqu'elle tend à terminer ou prévenir un procès (2052).

Pour juger s'il y a eu lésion, il faut estimer la valeur des biens héréditaires au moment du partage, sans tenir aucun compte des augmentations ou diminutions qui ont pu survenir.

Si la lésion est prouvée, comme le but de l'action en rescision est de rétablir l'égalité entre les cohéritiers, la loi permet au défendeur de prévenir un nouveau partage, en fournissant au demandeur le supplément de sa portion héréditaire, soit en numéraire soit en nature.

La demande en rescision n'est plus recevable pour cause de dol ou de violence, si le demandeur a aliéné les biens qu'il avait reçus en partage, postérieurement à la découverte du dol ou à la cessation de la violence; cette fin de non-recevoir ne s'applique point à la demande en rescision pour cause de lésion.

La durée de l'action en rescision est de dix ans (1304), et cette action sera portée devant le tribunal du lieu de l'ouverture de la succession.

QUESTIONS.

1° Dans le cas de l'art. 1667, le vendeur peut-il exiger que l'acheteur lui restitue la totalité de la chose? Oui.

2° Le tribunal peut-il prononcer la rescision quand la lésion paraît évidente, avant qu'il en soit fait aucune preuve? Non, en général.

3° L'art. 1678 empêche-t-il que les parties ne puissent convenir qu'un seul expert sera nommé, conformément à l'art. 303 du Code de procédure? Non.

4° Peut-on convenir que le vendeur à réméré restituera au lieu du prix de vente une somme plus forte? Non.

5° Peut-on renoncer à l'action en rescision par une convention postérieure au contrat? Oui.

6° Y a-t-il avantage pour le vendeur à réméré d'exercer l'action en rescision pour lésion? Oui.

7° L'aliénation faite par le cohéritier lésé met-elle obstacle à l'action en rescision? Non.

8° Les meubles peuvent-ils être l'objet d'une vente à réméré? Oui.

DE L'IMPRIMERIE DE CRAPELET, RUE DE VAUGIRARD, 9.

9 782014 035223